Paul Peter Pier Zellin

TRANS-SPIRITUELLES WELTKLIMA

Politik und Spiritualität zusammen-FÜH(L/R)EN: Die letzten Essays und gesammelte Gedichte

© www.urruhe.de

Paul Zellin, geb. 6.1.1947 in New York, spielte bis in die 80er-Jahre hinein in San Francisco (Kalifornien) eine wichtige Rolle als weltweit bekannter Guru der späten 60er im Rahmen des Human Potential Movement. Nach der Auflösung seiner Sekte gründete er eine Restaurantkette und lebt heute zurückgezogen in Tamalpais Valley, wo er als 5-Sterne-Koch inkognito neue Gerichte für seine NoYogaFood-Filialen kreiert.

Peter Zellin (real name of Baihu Fāng), born December 6, 1947 in New York. Working as web designer for the german LDL group of former gurus of the spiritual scene. Practising Null Yoga (founded by nephew Pier & niece Pia). Living as a freelance artist (experimental videos and digital photography) at Venice Beach, L.A. (California) since 1975.

Pier Zellin, geb. 9.9.1974 in Berlin, studierte Religionswissenschaften/Germanistik in Göttingen, befindet sich seit 2018 auf permanenter Weltreise mit Pia.

Die **"LIGA DER LEEREN" (LDL)** wurde 2014 als anonymes transspirituelles Netzwerk diverser politisierter ehemaliger Gurus und Antigurus aus dem Umfeld des ehemaligen Magazins "connection spirit" (Hrsg. Wolf Schneider) ins Leben gerufen, um über den eigenen kosmologischen Tellerrand zu schauen. Das Projekt gilt seit Ende 2018 als abgeschlossen.

ORIGINALAUSGABE 2019
ISBN 9783749470266
© Herstellung und Verlag: BoD
Books on Demand, Norderstedt, Germany

"Jedwede Form ist in Wirklichkeit eine Bewegung, und jede lebende Sache ist wie der Fluss, der, würde er nicht irgendwo ausströmen, nie imstande wäre, einzuströmen. Leben und Tod sind nicht einander entgegengesetzte Kräfte; es sind lediglich zwei verschiedene Arten, die gleiche Kraft zu sehen, denn die Bewegung des Wechsels ist ebenso aufbauend wie zerstörend. Der menschliche Körper lebt, weil er ein Gefüge von Bewegungen ist, von Kreislauf, Atmung und Verdauung. Zu versuchen, dem Wechsel zu widerstehen, sich ans Leben zu klammern, ist daher so, als ob du den Atem anhieltest."

Alan Watts: WEISHEIT DES UNGESICHERTEN LEBENS (1951)

Nach den Büchern **NULLYOGA, URRUHE, NULLTHERAPIE, ZERO MEDITATION** und **m...OM...ent** von 2014 bis 2018 enthält das sechste Buch der LDL (Liga der Leeren) alle Essays von 2019 sowie die gesammelten sporadischen Gedichte. Erinner Dich an das *"grasgrüne"* Nullyoga-Forschungsergebnis:

"ALLES IST IDENTISCH MIT SICH."

Was sollten wir Dir da noch Neues erzählen, wo es doch nichts weiter zu sagen gibt? Ganz einfach: nachdem wir alle fünf Bücher veröffentlicht hatten, begann ein Nachdenken über die politische Anwendbarkeit all dieser schön klingenden Erleuchtungsformeln. Daraus ging der **N.A.Z.I.-BRANDBRIEF** hervor, den wir hier mit aufnehmen, da er die Initialzündung für die politische Dimension unserer nondual-transspirituellen Haltung darstellt. Parallel dazu schrieben wir aber auch immer wieder **Gelegenheitsgedichte**, die völlig frei von politischen Ambitionen lediglich Ausdruck der ichlosen Lebensfreude sind. Dank des Feedbacks unserer Leser auf FB und via Email entstanden Artikel, die oftmals als intuitive Antwort auf Kommentare zu lesen sind. Wie gewohnt wurden sie alle auf unserem Portal **URRUHE.de** erstveröffentlicht und so nach und nach dort gesammelt und zum Nachlesen kostenlos archiviert. Das hier vorliegende Buch **TRANSSPIRITUELLES WELTKLIMA** richtet sich daher an all jene Leser, die unsere Einmischungen gerne gedruckt sammeln...

WISSEN (WASSER)
& WEISHEIT (WÜSTE)

Der Phantomschmerz des Schlafzustandes bringt das Ego "auf die Palme". Viele Palmen ergeben einen Palmenhain. Das Ego wacht unter KEINER Palme auf — es hat den Hain nämlich erfunden! Die Wahrheit ist eine grenzenlose Wüste, die Bewohner der Wüste haben keine Namen...

Die LDL begeht in gewisser Weise *"Hochverrat am Transzendenten"*, denn sie löst Deinen Wunsch nach Transzendenz in Luft auf: Da ist kein Wissen, das irgendeinen Durst stillt. Da ist kein Durstiger und kein Wasser. Alles Blöff. **Kein Guru verrät Suchenden, dass ihr Durst nur vom Ich eingebildet ist und das Wasser selber erfunden hat.** Die billige Pseudoerleuchtung, dass *"Wasser frei zugänglich überall"* sei, ist das aufgeblähte Ego, das glaubt, es könne dank irgendeines richtigen, wahren, absoluten Wissens aufgewacht sein. Gurus sind nur vom Wasser aufgeblähte Leichen. **AUFWACHEN heisst, Durst und Wasser als sich gegenseitig bedingende Selbstlügen erkennen.** Wer erkennt? Niemand erkennt. Niemand weiss. Es gibt weder Wissende noch Unwissende. Weil das vertrocknete Bewusstsein selbst verschwand. Die Frage verschwindet nicht, weil jemand die *"beste"* Antwort findet (Durstlöscher-Konzepte), sondern die Antwort verschwindet mitsamt der Frage, wenn der Fragende selber verschwindet. Keine Frage, keine Antwort. Kein Durst, kein Wasser. Kein Wissen, kein Wissender. **Das Wasser (als Symbol für Gott, Liebe, Energie, Leere, Oneness etc pp) ist selbst schon an sich eine ERFINDUNG von durstigen Egos.** Die Weisheit der Wüste verbreitet sich wie ein Lauffeuer in der Unendlichkeit. Egos brennen zwar ständig vor Neugier, aber sie brennen nicht ab, denn sie sind prinzipiell feuer-resistent. Nur die Wüste verbrennt selber vor ihren Augen, alle erhofften Oasen flimmern und glühen und verschwinden letztlich in der sirrenden Luft. Wer in der Wüste wohnen will, muss sich selber *"in Luft auflösen"*, aber WER soll sich auflösen, wenn niemand da ist außer der *"heißen Luft"* ? Sind alle Methoden nur Tropfen auf den heißen Stein? Eben, das ist es! **Das Ego erforscht nur das kochende Wasser, als wäre es wie ein glühender Fels in der Brandung. Erleuchtung dagegen ist dieser aufsteigende Dampf, den niemand beachtet.** Niemand wohnt in der Wüste. Jeder Bewohner der Wüste heisst NIEMAND. Niemand hat das niemandem verraten, aber alle wissen von Anfang an Bescheid: Jeder sitzt unter seiner eigenen Palme und grinst. Die Spiriszene erschafft das Holodeck *"Paradies"* und verdient viel Geld mit den meditativen Dokumentationsfilmen über die schönsten Oasen der Welt...

WELLE STATT ZELLE

Was uns immer wieder in der Spiriszene auffällt, ist die Fixiertheit auf eine angebliche Selbstperson (jetzt als Zelle statt Welle), die Ja und Nein sagen würde, die Innen und Außen empfindet, die unglücklich/leidend sei und dann eine Anleitung zum Glücklichsein sucht. Diese restlose Auflösung des Egos in der sogenannten *"mystischen Erfahrung"* ist kein temporärer Zustand, dem das dann trotzdem wieder auftauchende Ego hinterher trauert oder davon angestachelt wird, es wieder erfahren zu wollen, sondern das eigentlich Dissidentische an der Auflösung ist ja ihre Irreversibilität, ihre Unumkehrbarkeit, WEIL das bewusste/erwachte Individuum sich von nun an gar nicht mehr als isoliertes Ego zu definieren vermag: das Erleben einer *"Membran"* (egal wie dicht oder durchlässig) resultiert bereits aus dem Glaube des Egos, es sei etwas EIGENES. Die ganzen vielen Metaphern sind ja allesamt hinfällig, wenn nichts übrig bleibt, was sich als eigen empfindet. **Da ist niemand mehr, der eine Anleitung zu irgendwas braucht, keiner mehr da, der Fragen hat und Antworten braucht. Da ist nur DAS UNENDLICHE GANZE, das mit sich selbst kommuniziert** in Form von all seinen Elementen: wir sind Partikel – und die Quantenphysik hat es gezeigt: ein Partikel hat Wellencharakter, wenn man das Experiment so aufbaut, dass diese Welleneigenschaften erfahrbar sein dürfen. **Je nach Ausrichtung des Experiments ist das Nichts, das wir *"Materie"* nennen, sowohl Teilchen als auch Welle. Für das Ego mag das paradox sein, aber für das freischwebende ego-dissidente Bewusstsein besteht da kein Unterschied: es nimmt einfach ALLES WAHR.** Das Ego braucht Ursachen und Wirkungen, der freie Geist (Freigeist) erlebt alles multidimensional vernetzt, verbunden, einander durchdringend und bedingend...

N.A.Z.I.-BRANDBRIEF
(N.aturwunder A.stronomie Z.enbuddhismus I.ntrospektion)

Wusstest du, dass im Zentrum unserer Galaxie ein schwarzes Loch alles zusammenhält und uns allmählich aufsaugt? Wusstest du, dass irgendwann alle schwarzen Löcher des gesamten Universums zu einem einzigen fusionieren, dass sich quasi selbst verschluckt? Aber was hat das alles mit Tagespolitik zu tun, fragst du verunsichert? Rechtsradikale und Linksradikale haben einen gemeinsamen wunden Punkt, den sie sogar mit der politischen Mitte teilen. Sie alle sind Opfer der größten Zivilisationslüge, aufgrund derer die Menschheit sich lächerlich macht im Angesichte der essenziellen **Erkenntnisse, die von Naturwundern, der Astronomie, dem Zenbuddhismus und der Introspektion ausgehen:** des narzisstischen Aberglaubens an die ichverhaftete Identität des Individuums. Die Menschheit hat schlichtweg vergessen, sich darüber bewusst zu werden, dass dieses sogenannte Ich, das jede Person als ihr Bewusstseinszentrum benutzt, eine soziologische Fata Morgana ist, auf deren virtuelle Perfektion durch gezielte Erziehung von Geburt an seit endlosen Generationen hingearbeitet wird. Nazis, Autonome, Bürger, Flüchtlinge, Präsidenten, Terroristen, Nudisten, Konservative, Anarchisten, Künstler, Philosophen, Pragmatiker, Freaks und Gurus – sie alle sind Anhänger derselben Sekte, die an die Existenz ihres Egos glaubt. Und dieses Ego, ganz gleich welcher Ausrichtung, verteidigt seine eigene Illusion, indem es für eine Ideologie kämpft, auf die es programmiert wurde. Und jede Ideologie fordert die Erfindung einer Gegenideologie heraus! Wir haben kein Klimaproblem und kein Flüchtlingsproblem, kein wirkliches Wasserversorgungsproblem oder Urwaldabholzungsproblem. **Das alleinige Metaproblem ist der Mensch mit seinem Ichfanatismus, der ALL DIESE PROBLEME ERFINDET, indem er noch immer nicht zum Ausstieg aus seiner Egosekte bereit ist, weil ihm verschwiegen wird, dass er selbst ein Problem hat: sich selbst!** Es gab Religionen und Philosophien, die davon sprachen, es gab psychologische Schulen, die das Problem erkannten, es gab sogar Stars und noch immer berühmte Weisheitslehrer, die durch die Welt tingeln, um jenen Menschen, die ihren Selbstfake schon ahnen, zu helfen, sich von der Zivilisationsmatrix zu befreien. Und doch wurde kein kollektiver Punkt Omega einer New Age Bewegung erreicht, ebenso wenig wie es Kommunisten und Kapitalisten je schaffen können, die Schlacht der Ideologien ohne erneuten Widerspruch zu gewinnen. Es wird immer von allen Ideologien genug Menschen geben, um die Beschäftigungstherapie des humanen Normalfanatismus fortzusetzen, solange die Selbstsoldaten nicht ansatzweise begreifen, dass ihr gesamter Glaubenskrieg auf einer Lüge fußt. Früher schien es ein Tabubruch zu sein, zu behaupten, es gäbe keinen Gott, aber heute besteht das viel größere Tabu darin, zu erkennen, dass der Erkennende selbst eine Illusion ist. Wer heute noch der Berufung seines Egos folgt und dafür über Leichen geht, ist gezwungen, die vier spirituellen N.A.Z.I.-Disziplinen komplett zu verdrängen: **das in sich verkrampfte Ich ist 1) nicht offen für das Wunder der Natur (weil das die Fähigkeit zur bedingungslosen LIEBE voraussetzt); hat 2) Angst vor der Unendlichkeit des Universums und dessen Selbstvernichtung in einer fernen Zukunft (weil das die SINNLOSIGKEIT von allem offenbart); begreift 3) nicht, wieso alles im Innersten wesenlos, hohl und vergänglich ist, obwohl es für einen Moment wie eine harte Tatsache wirkt (weil das der LEERE des eigenen Ichs entspricht); und ist 4) unfähig, in sich hinein zu horchen, um mit diesem Naturwunder der kosmischen Unendlichkeit in der eigenen Leere zu verschmelzen.** Wow, das sitzt! Es hat "klick" gemacht! Es ist angekommen! DU BIST ANGEKOMMEN! Willkommen in der letzten großen ichbefreiten Realität des astronomischen Naturwunders der innersten Leere. Jetzt brauchst du keine Ideologie mehr; denn da ist niemand mehr in dir, der deine Wahrnehmung vom Ganzen ablenkt.

Jetzt spürst du das Wachsen des Grashalms, das Aufgehen der Sonne, das Welken der Blätter, den Zerfall deiner Haut und Organe, das Sterben und das Geborenwerden. Jetzt BIST DU das Leben, du bist pure Wahrnehmung, ohne ein Zentrum in dir zu benötigen, das alles auf sich bezieht. **Und du bist endlich kein Nazi mehr, auch kein Linksradikaler und auch kein Flüchtling, kein Präsident und kein Kapitalist – du bist einfach nur "da" und begegnest der Gegenwart in ihrer totalen Gegenwärtigkeit, weil deine wahre Identität aus ihr und nichts anderem außer der Gegenwart in all ihren Aspekten selber besteht.** Das ist das Ende der Ichdefinitionen. Das Ende der Matrix. Das Ende der jahrtausendelangen Programmiertheit des Menschen. Ein neues Zeitalter beginnt, in dem sich die Menschen die Hände reichen und Arbeit als Tanz zelebriert wird. Der mikroskopische Tanz der Moleküle ergibt den überdimensionalen Tanz der Sterne – und wir, wir tanzen dazwischen auf dieser wundersamen Ebene der Realität eines Planeten, der nichts weiter tut, als durch diese unendliche, schwarze Leere zu fliegen und irgendwann zu erkalten, wenn seine Sonne ausgebrannt ist. Bis dahin: bauen wir den Planeten bis in den letzten Winkel zum PARTYPLANET um und feiern das Dasein in all seinen bunten Facetten vom Schmetterling bis zum Regenbogen, vom stummen, feststehenden Fels in der Brandung bis hin zum sprechenden und herumlaufenden Mensch! Sollte dann irgendwann einmal eine außerirdische Intelligenz zu Besuch kommen, werden die fremden Wesen erstaunt sein und von uns sagen, sie hätten außerirdisches Leben entdeckt. **Das ist der beste Science-Fiction-Film, den du dir überhaupt vorstellen kannst: wir selber auf unserem eigenen Planet sind das eigentliche Märchen, das biologische Superraumschiff der Extraklasse, der größte gesunde Wahnsinn, die letzte Wahrheit!** Komm, du verbohrter Nazi jeder Ideologie, reich uns die Hand und tanz mit uns! Spreng die Fesseln deiner Seele und schau uns in die Augen: wir sind deine eigene Leere, wir sind die unendliche Ichlosigkeit deiner Gedanken, wir sind dein reales Gegenüber, in dessen Augen du das unendliche schwarze dunkle Weltall sehen kannst, aus dem wir gemacht sind. Wenn du uns tötest, tötest du lediglich deine eigene Leere. Verneige dich vor deiner Leere und spüre: da ist niemand, der sich verneigen kann. Weder Schüler noch Meister. Nur dieser Grashalm hier neigt sich im Wind, weil sich der Wind auch zu ihm neigt...

EIN GANZ & GAR LEERES GESPRÄCH

Schüler: *"Ich habe mich von allem gelöst. Die Welt ist jetzt hohl und leer für mich. Aber ich nehme keine Erleuchtung wahr. Eher im Gegenteil: Ich empfinde den Schmerz meines Körpers und seine organischen Zwänge bewusster zur Kenntnis als zuvor. Auch die alltäglichen Probleme erscheinen mir noch nervtötender, seit ich mich nicht mehr mit ihnen identifiziere. Was mache ich falsch oder was fehlt noch am Ende dieses Prozesses, das ich mir mühsam und mit viel Geduld erarbeitet hatte?"*

Lehrer: *"Wer hat sich gelöst und wer nimmt jetzt wahr?"*

Schüler: *"Mein neues Ich, das sich seit Jahren über alles definiert hatte, was für meine Sinne irgendwie greifbar war. Ich bin nicht mehr eins mit diesem kleinen Ich, sondern sehe es von einer anderen Ebene, in der ich mich unendlich und frei fühle. Das kleine Ich war eine Anhäufung von weltlichen Dingen wie Emotionen und Gedanken über sich selbst. Da ist jetzt kein Selbstbewusstsein mehr, es herrscht Stille und Frieden in diesem heiligen Innenraum. Aber die Welt katapultiert mich andauernd aus dieser Meditation, indem sie mich zum Handeln zwingt."*

Lehrer: *"Wo ist dieser Innenraum?"*

Schüler: *"Es ist ein Bereich irgendwo jenseits der Welt. Ich empfinde ihn nur als eine Art purer Energie, wie ein materieloses Nichts, das durch alles hindurch strömt und doch gänzlich unberührt von allem bleibt. Wie ein göttlicher Schutzraum."*

Lehrer: *"Wer muss sich denn vor der Welt schützen und woher kommt dieses Nichts?"*

Schüler: *"Ich wollte bedürfnisfrei werden. In diesem Nichts sind die Bedürfnisse endlich überwunden. Es ist etwas Ewiges, es wurde nicht erschaffen. Es war bereits vor der Welt da. Schon vor dem Urknall."*

Lehrer: *"Wer weiss das?"*

Schüler: *"Mein Ich ist randvoll von dieser Erkenntnis. Ich bin nur noch das Nichts. Eine ewige Leere. Als wäre ich selber das grenzenlose Ganze, in dem die Welt eingebettet scheint. Aber ich kann es einfach nicht als Erleuchtung empfinden. Es fehlt dieses Glücksgefühl und das Wissen, das Ziel endlich erreicht zu haben. Mein Ich hat die Wohnung gewechselt und lebt nun in einer unsichtbaren Dimension, die einem Tempel ohne Wände gleicht. Aber es ist immer noch dieses Ichgefühl anstatt diese totale Freiheit, von der alle Meister berichten."*

Lehrer: *"Kannst Du Dich von diesem Tempel ebenso lösen, wie Du es von der Welt getan* hast? Wer bleibt dann noch übrig? Wo ist Dein Ich, wenn Du Dich sogar von diesem Nichts löst?"

Schüler: "Ich kann mich nicht weiter auflösen. Dann würde ich gänzlich verschwinden. Das wäre wie Sterben."

Lehrer: "Das ist die eigentliche und letzte Erleuchtung, die Deinem Ich noch bevorsteht: sich selbst derart aufzulösen, daß weder die Welt noch das Nichts mehr vorhanden sind. Dann sehen Deine Augen ALLES, ohne daß jemand schaut."

Schüler: "Wie kann ich sterben?"

Lehrer: "Du kannst nichts tun, um zu sterben. Dein sogenanntes Ich bildet sich leider nur ein, da zu sein. Erst wenn diese Einbildung verschwindet, ERWACHT Dein Bewusstsein. Dann sehen Deine Augen, Deine Gedanken denken und Deine Gefühle fühlen. Die Welt wird vor Deiner Wahrnehmung erstrahlen und Du wirst die Welt SEIN. Weil sich das angebliche Nichts aufgelöst hat und diese Welt ohne heiligen Hintergrund da bleibt. Es wird niemanden mehr geben, der sich mit dieser Welt oder dem Nichts identifiziert. Niemand, der sich für erleuchtet oder erwacht hält."

Schüler: "Aber WER ist das denn, der mir das durch Deinen Mund erzählt, wenn es das

Ich doch gar nicht gibt?"

Lehrer: *"Ich bin nur dieser Mund, der nach-erzählt, was in Deinen eigenen Augen zu lesen ist: die ganze Welt."*

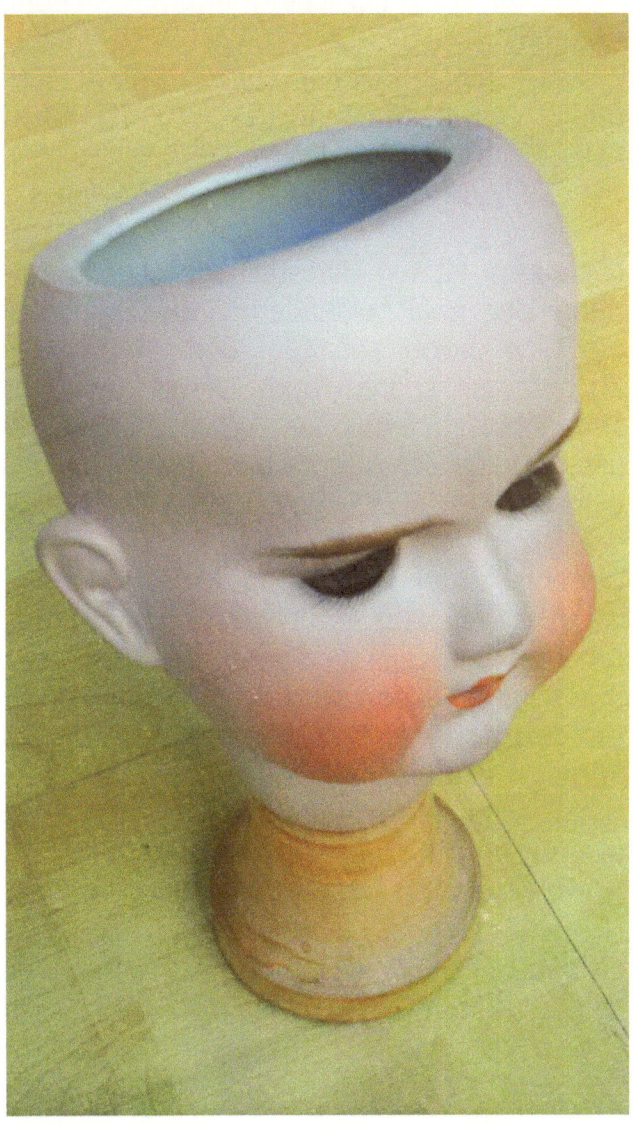

WER? WAS? WIE? WODURCH?

EGO-BEFEHLE: SOLANGE DU ZURÜCKFRA-GEN KANNST *"WER?"* ODER *"WAS?"*, IST DIE SUCHE NOCH NICHT INS LEERE GELAUFEN – INS WAS? AUCH DIE LEERE MUSS INS LEERE LAUFEN, DAMIT DU ERWACHST. WER? GENAU! "DU" KANNST NICHT ERWACHEN! ERST WENN SICH DEINE EGO-ILLUSION AUFGELÖST HAT, KANN DIE WAHRNEH-MUNG SELBST ALLES "FÜRWAHR" NEHMEN...

Mit diesen letzten Hilfestellungen zur Enttar-nung der entscheidenden Guru-Denkfehler, die Dich davon abhalten, den erleuchteten Zustand zu spüren und Deinen Guru als Scharlatan zu entblößen, verabschiedet sich die LDL aus der öffentlichen Diskussion und wünscht allen ALLES, WAS IST :-)

Die entscheidende Fangfrage ist das *"WER?"*, wenn all diese spirituellen Imperative wie Befehle auf einen Suchenden hernieder prasseln: **WER soll sich da denn von WEM disidentifizieren? Wenn sich das Ich als Illusion erweist, zeigt sich automatisch, dass auch sämtliche Befehle, die es ausüben sollte, um sich selbst zu töten, nur Illusionen desselben Ichs waren.** Niemand braucht nichts zu tun, um SICH FREI ZU FÜHLEN, da das Gefängnis lediglich eine Illusion des Ichs war, das glaubte, in Unkenntnis seines eigenen (erhofften) *"Wesens"* zu sein, das in der Satsangszene als göttliches *"DAS"* bezeichnet wird. Das Leben ist sich seiner selbst bewusst. Ganz ohne ein Selbst, das das getrennt vom Leben täte. **JEDES *"Selbst"* ist nur sich seiner selbst bewusst gewordenes Leben. Das LEBEN als unendliches Fließen kennt kein Problem, geschweige denn ein *"größtes aller Probleme"*, das gelöst werden müsste. Das Leben HAT kein Problem, es IST nur das Leben — ohne ein (dualistisches) Gegenteil seiner selbst. Etwas *"leereres"* und *"nicht-seienderes"* als das Leben selbst gibt es nicht. Das Leben ist bereits sein eigener supramentaler Superlativ.** Früher war Gott dieser Superlativ, abgesondert vom Leben in metaphysischen Sphären. Heute glaubt die (satirisch anmutende) Satsang-guruszene noch immer an einen neuen Superlativ: das Überich, das leer und erleuchtet sein soll. **Diese erhoffte *"externe Ichlosigkeit"* ist der tragiko-mödiantische Anfang des größten aller Probleme überhaupt: dass es schlicht-weg niemanden gibt, um überhaupt Probleme zu haben.** Keine Blume fragt sich, warum sie so wunderschön blüht und doch auch verwelkt. Sie BLÜHT UND VERWELKT — das IST ihr Selbstbewusstsein (eine *"schreckliche"* Tatsache?): *"Blühen"* & *"Welken"*... Rilke sprach davon, dass jeder Engel schrecklich sei. Aber es ist eher umgekehrt: jeder Schreck wird als engelhaft erkannt, wenn er sich in angstfreie Akzeptanz der eigenen Tatsächlichkeit verwandelt! **Alles ist seine eigene Tatsächlichkeit. Alles: Vom unendlich Kleinsten bis zum unendlich Größten. ALLES hat kein Problem *"mit"* sich selbst. Alles *"hat"* kein Gesicht im Spiegel. Alles IST einfach wesenlos (selbstlos) selbst.** Alles ist Blume, die blüht und welkt...

Alles geschieht automatisch. Das Leben benötigt kein extra Ich, um sich seiner selbst bewusst zu sein. Das ist das Seltsame an der Ichlosigkeit: vorher grübelt das Ich immerzu darüber, wie toll und erstaunlich es wohl wäre, wenn es *"selber von sich befreit"* wäre. Wenn aber dann dieses Ich plötzlich futsch ist, gibt es auch kein *"ichloses Ich"* mehr, das sich dadurch sagenhaft erhaben heilig stolz erleuchtet ichlos fühlt. **Es bleibt nur die Wirklichkeit selber, die einfach dauernd *"von selbst"* geschieht, ohne ein inneres Selbst/ Wesen zu haben.** All die Bewusstseins-coaches, Gurus und Satsanglehrer leben in der esoterischen Illusion eines ichlosen Ichs, das Ihnen Würde & Wissen verleihen soll und gegenüber den Suchenden Vorteil verschafft hätte. Aber diese berühmten Weisheitsfana-tiker sind leider nur Pappfiguren in dem Spirimarionettentheater. Eine total banale Erleuchtungskomödie. Aus Sicht der Ichlosig-keit ist diese Spiriszene ein Slapstick und weiss es nicht einmal! Versuch einmal, nicht *"durch Dein Ich"* wahrzunehmen, sondern stattdessen mit jeder Faser bis in die Fingerspitzen, als hättest du tausend Augen und Ohren und Nasen am ganzen Körper verteilt! **Der Körper benötigt kein Ich, um DAS GANZE zu spüren, weil der Körper aus diesem Ganzen gemacht ist.** Der Körper schläft nie ein, er ist immer wach. Schlafen kann überhaupt nur das Ich. Der Körper ist ständig in Aktion, auch das Liegen, Ruhen, Entspannen ist eine Aktion. *Alles geschieht automatisch. Das Leben benötigt kein extra Ich, um sich seiner selbst bewusst zu sein.*

ABSOLUTER AUSDRUCK DES SEINS

Wer das dualistische Denken seines sogenannten *"Egos"* komplett überwindet, weil er bemerkt, daß das Ego nur eine sprachliche Illusion neben allen anderen Metagedanken ist, fällt automatisch aus allen Systemen heraus: die Kultur, die Politik, die Religion, der Sport und die Persönlichkeit – die gesamte Zivilisation löst sich in seinem Bewusstsein auf und hinterlässt das Gefühl, einfach gar nichts tun zu müssen, um irgendetwas zu erreichen, weil es NIEMANDEN und NICHTS gibt, um sich für eine *"absichtliche Aktion"* zu entscheiden, die mehr will als nur aus reinem Selbstzweck sowieso zu geschehen. Das ist die uralte Botschaft von Yoga, die heutzutage im Leistungsstress des Erleuchtungswahns und Gesundheitsfanatismus' verloren geht. **Das scheinbar Paradoxe an Yoga als spiritueller (und sportlicher!) Disziplin ist die ÜBERWINDUNG VON SPIRITUALITÄT DURCH YOGA selbst; denn die menschliche "Mitte" ist weder perfekter Körper (Fitness/Beauty) noch vollendeter Geist (Freiheit/Buddha), sondern genau umgekehrt: alle körperlichen Reize und geistigen Regungen sind genauso wie Autos, Atome, Tiere, Blumen, Sterne und Galaxien nur unpersönlicher ABSOLUTER AUSDRUCK DES SEINS, das im Innersten wesenlos leer ist.** Solange ein Mensch von sich behauptet *"ich bin ichlos"*, klammert sich eben genau dieses sein Ich an seine eigene Vorstellung von taoistisch *"befreitem Bewusstsein"*, die der psychotischen Dissoziation ähnelt. **Das echte Tao ist jenes, das es nicht gibt – das Tao, das sich selber vergisst und dadurch kein Ich hinter dem Ich hinter dem Ich hinter dem Ich erzeugt sondern unendlich stilles Tun aller Taten...** Solange es eine Person gibt, die sich selbst als ein Selbst-Bewusstsein empfindet, das sich mit irgendetwas identifizieren kann, wie z.B. mit seiner eigenen Leere, seinem Nichtsein oder der Wesenlosigkeit allen Seins, ist die Dualität noch nicht überwunden. Die Identifikation mit einer gefühlten Nondualität ist dabei der absurdeste an Wahnsinn grenzende Irrtum! Die letzte, höchste, absolute oder sonstwie sensationelle Wahrheit kann nicht von einer Person erkannt werden, da dieses WER erst verschwinden muss, damit das befreite Bewusstsein mit allem randvoll gefüllt werden kann, was wirklich sensationell wahr ist: nämlich das ganze unendliche Da-Sein!

Der spirituelle Sucher möchte sich immer mit irgendetwas identifizieren anstatt aus der Illusion zu erwachen, es gäbe da überhaupt jemand, der sich identifizieren kann. **Erleuchtung besteht in dieser letzten totalen Disidentifikation, die niemandem widerfährt, sondern das Resultat davon ist, daß sich der Sucher im ganzen realen Sein aufgelöst hat.**

WER IDENTIFIZIERT SICH MIT WAS

Der größte Denkfehler der Satsangszene besteht im Aberglaube, es gäbe ein *"unberührtes Gewahrsein"* jenseits vom körperlich fixierten Ich, mit dem man sich statt des Ichs transzendent identifizieren könnte, wenn sich das Ich als Illusion erweist. **"WER" sich dann als Erwachter mit dem heiligen DAS als neues *"Ich Bin"* identifiziert, nämlich dasselbe trivial-neuronale Bewusstsein, das sich von seiner sinnlichen Identität befreit wähnt, ist dem Erleuchtungstourist egal – Hauptsache, ER spürt die Stille und bildet sich ein, alles *"losgelassen"* zu haben (außer natürlich die Gnade des Gewahrseins der Stille).** TOTALE DISIDEN-TIFIKATION im Sinne der Auflösung der gesamten getrennten Wer-Perspektive geschieht dagegen nur wesentlich seltener und erzeugt eine tabulos sinnliche Rückkehr ins Alltägliche ohne eine Person, die sich *"mit etwas"* (wie Stille, Leere oder innerem Frieden) identifiziert und dadurch als etwas (z.B. als Guru) empfindet. Solche ungewöhn-lich gewöhnlichen Yogis meiden das spiri-tuelle Rampenlicht der Erleuchtungsshows, da sie tatsächlich als vollaut...OM...atische Unpersonen in sinnlicher Gegenwart unsicht-bar enttabuisiert angek...OM...men sind.

SELBSTGESPRÄCH DES SEINS

Buddhaschaft ist keine Demenz! Du musst keinen geistigen Prozess zum Stillstand bringen, um *"frei"* zu sein. **WER soll sich von seinen Gedanken disidentifizieren, um nur noch Zeuge des Denkens zu sein? Der *"Zeuge"* ist ebenfalls nur ein Gedanke. Da ist niemand, der denkt oder Zeuge ist. ALLES FINDET EINFACH NUR STATT.** Es besteht kein Grund, zu meditieren, wenn alles, was ist, als solches einfach grundlos sein darf, was es ist. Alle Metaphern sind dualistisch: Marionette, Tropfen, Zelle, Welle – die konkrete Realität ist absolut nondual! Niemand ist an unsichtbaren Fäden aufgehängt und wird vom heiligen Schicksal oder höllischen Scheusal dirigiert. **Die UNENDLICHKEIT ist ein Selbstgespräch des Seins.** Für das Ego wirkt das paradox, weil es in Dualitäten denkt. Aber das Denken selber ist nondual; es ist die freie Wahrnehmung des sich selbst bewussten Seins.

SOZIALE TRANCE

Nicht WER glaubt an sonstwas oder ist desillusioniert, lautet die richtige Frage, sondern WAS ist dieses Wer. Solange Du an irgendwas glaubst oder stattdessen total radikal desillusioniert bist, ist es DEIN ICH, das all diese esoterischen oder vermeintlich postspirituellen Eigenschaften besitzt und sich als *"suchend"* oder *"erleuchtet"* empfindet. **Das wahre Erwachen besteht im Erfahren, dass diese Person, die alles auf sich bezieht, selber nur ein Produkt der sozialen Trance ist.** Aber WER kann das ERFAHREN? Da ist niemand mehr zum Erfahren – es ist die gesamte Wirklichkeit selbst, die sich in jedem Bewusstsein in jedem Moment als absolut WIRKLICH erfährt! Wenn Du mit dieser Erkenntnis Guru werden möchtest, musst Du bereits im Ansatz die paradoxe Lüge begehen, Dich in diesem völlig unpersönlichen Zustand trotzdem als weise *"Persönlichkeit"* zu präsentieren. Es gibt genug Suchende, die schlichtweg zu DUMM sind, diesen Widerspruch überhaupt zu bemerken. **Das ist eine psychotisch induzierte Verdummung durch die autohypnotisierende Wirkung der seelischen Verzweiflung, die automatisch überwunden wird, wenn Erwachen passiert.** Rückwirkend kann es auf das befreite Bewusstsein extrem amüsant wirken, wie aufgeblasen narzisstisch es vorher von sich behauptete, eine weise Person zu sein.

Aber nur selten geschieht es, dass ehemalige Gurus sich selbst öffentlich bloßstellen und die Wahrheit über das echte Erwachen verraten; denn dann gäbe es NIEMANDEN, dem die Zuhörer dafür Geld opfern könnten, weil sie SOFORT SELBER ERWACHEN würden und auch niemanden mehr in sich selbst finden könnten, der diese Wahrheit bräuchte...

dry G.I.N.* & sweet W.O.D.K.A.
(Greatest Imaginable Nonsense*
& Wholeness Oneness Dao
Kindness Alertness)

Das Ego ist weder gut noch schlecht, sondern ein neurolinguistischer Fake. Die Bewertungen macht nur das Ego selbst. Aber der Unterschied zwischen Ego und Individualität ist nicht missverständlich, sondern existenziell nötig. Genau diese Unterscheidung machen suchende Spiris allerdings nicht und genau DESHALB droht die Psychose beim mystischen Wegfall des Egos: weil das natürliche Ich der Individualität dann AUCH glaubt, es müsse sich aufgelöst fühlen. Das ist ein psychologisches Problem im Sprachzentrum, zu dem Gurus keine klare Stellung beziehen. Erst **die fundamentale Unterscheidung zwischen virtuellem Ego (als Entfremdungswahn) und natürlichem Ichgefühl (als Wodka-Welle)** ERMÖGLICHT das heilsame Eins-UND-Zwei-SEIN der Per-son (=durchtönend, durchscheinend, transparent statt transzendent). Personwerdung als Megaziel des Individuationsprozesses ist in diesem transpersonalen Sinne ganz und gar nicht romantisch, sondern der heftigste, billigste Fusel-Gin, den die Erleuchteten traditionell tabuisieren, weil er nicht so bombastisch golden glänzt, wie sie sich das wünschen, dafür umso mehr in der Seele brennt: es ist die radikale Einfachheit des Zenmeisters, der KEIN EGO HAT, sondern Per-son ist.

Es kann nur vermutet werden, daß sich gerade wegen diesem Standpunkt der LDL unser Buch **"NULL THERAPIE"** (fälschlicherweise oft mit dem Begriff Nulltherapie verwechselt) so gut verkauft (inzwischen wurde die 3000er Marke geknackt): es befreit den Sucher nicht nur vom Suchen, sondern auch von dem Aberglaube, das natürliche Ichgefühl sei etwas vom Ganzen Abgespaltenes. Das Folgebuch **"m...OM...ent"** beschreibt daher den transspirituellen Zustand der Individualität ALS unendliche Welle... und deshalb wird es vermutlich KEIN Bestseller, weil alle nur in die Nähe Gottes wollen, aber sich letztlich nicht trauen, den Gottesspuk aufzulösen, um SICH SELBST unendlich zu fühlen ALS Indivuduum, was für das verängstigte, eingeschüchterte Ego paradox und verwirrend scheint...

*** Wortspiel von Wolf Sugata Schneider
(Herausgeber des ehemaligen Magazins
CONNECTION SPIRIT, in dessen letzter
Ausgabe das Nullyoga-Manifest
erstveröffentlicht wurde)*

RATTENFÄNGER VON HOHLEM

Manche Menschen sind so verzweifelt auf der Suche nach Erleuchtung oder klammern sich an sogenannte Lichtfiguren der Spiriszene, die für sie Freiheit und Leersein verkörpern, dass sie allergisch darauf reagieren, wenn jemand einen klitzekleinen Schritt weiter geht, indem er **die Freiheit VON der Freiheit und das Leersein VON der Leere** propagiert. Solange jemand Erleuchtung sucht, wird nichts leuchten können. Und hat er "seine" Erleuchtung gefunden, ist es endgültig zappenduster in seinem Schädel und keine Bewusstheit mehr darüber vorhanden, in die gemeinste Falle überhaupt getappt zu sein. Erst wenn die Schädeldecke geöffnet wird, strömt wieder Licht hinein (und die gefangen gehaltene Leere entweicht!) und der Geist lässt sich selber los, wie Baron von Münchhausen am eigenen Nichts aus dem Nichts gezogen. Die einen müssen über 7 Brücken gehen, die anderen nochmal 7 Schritte, und manche meditieren lebenslänglich, um nicht mehr wiedergeboren zu werden – erreichen das Nirwana aber niemals. **Insofern sind spirituelle Sucher Antizombies: sie zerfallen in der dunklen Nacht der Seele, die Schwärze des Weltalls ist ihr größter Feind, sie reisen permanent schlaflos um die Erde, immer ans Sonnenlicht gekettet.** Sprich in ihrer Gegenwart von der Auflösung all ihrer Hoffnung auf Erleuchtung und hör sie schreien und winseln vor Angst! Das Ich erzittert und erstarrt, wenn es kein Spiegel-bild erkennt: es verdrängt den eigenen Vampirismus, um seinem illusionären Narziß-mus zu fröhnen: als Guru, Coach und Weis-heitslehrer. Alles Rattenfänger von Hohlem!

WER ERFÄHRT (KEINE) WAHRHEIT?

Erleuchtete Sprache dient keiner *"Selbst-findung"* des Egos sondern dem Bezeichnen von Tätigkeiten. Der Mensch tut ununterbrochen etwas. DER *"Mensch"*: ein Substantiv für ein scheinbares Objekt! Aber das macht nichts. Wir sagen auch FLUSS zum Fluss, obwohl er dahinfließt. Und wir sagen sogar TAO zum Tao, was wohl den Gipfel der Absurdität darstellt, wenn man es sprachakribisch auf die Spitze treiben will. **Was ist ein GRASHALM? Was ist die Farbe GRÜN? Alles nur Beschreibungen von physikalischen Zuständen.** Das ist unser Universum. Das ist unsere ewige Verwandlung...

Drei ewig gleichbleibende Selbstlügen:
1) es gäbe ETWAS
   "Ungeborenes Eines Unbewegtes";
2) es gäbe JEMAND, der etwas *"erfahren"*
   könne, solle, müsse, dürfe – und
3) es gäbe einen Unterschied bzw. eine Trennung zwischen der *"direkten Erfahrung"* und der Verarbeitung bzw Versprachlichung des erfahrenen Zustandes. **Weder gibt es DIE *"Freiheit"* (weder relative noch absolute), noch gibt es eine Person, die ETWAS (wie Freiheit, Leerheit oder das Das) erfährt, noch ist das Erfahren ein anderer Sinn als all die wunderbaren zehntausend Sinne, mit denen wir die WIRKLICHKEIT ALS ABSOLUTE WAHRHEIT verarbeiten.** Der Verstand ist nichts

von den Erfahrungen abgespaltenes, böses, entfremdetes – nur das eingebildete Ego glaubt, daß SPRACHE/DENKEN im Widerspruch zur Erfahrung stünde, weil das Ego daran verzweifelt, daß ihm alles wie Sand zwischen den Fingern zerrinnt und doch jedes dahin rieselnde Sandkorn DIE ABSOLUTE ANTWORT ist. Nicht weil *"im"* Sandkorn Freiheit/Leerheit wohne, sondern weil jedes Sandkorn selber als solches die große gesuchte Freiheit/ Leerheit IST. Es gibt keine Gefangenschaft! Weil es **A)** gar keine *"Person"* gibt, die sich (wo auch?) gefangen fühlen könnte; und weil es **B)** keine *"personfreie"* Erfahrung in einem dualistisch jenseitigen Geistreich gibt, wo größere Freiheit und Leere herrsche als das Gelbsein des Sandkorns. **Nur das Ego FÜHLT sich gefangen, weil es sich nicht traut, überhaupt wirklich zu FÜHLEN.** Das Ego ist das erkaltete Herz des Neurotikers, der das Zerfallen des eigenen Körpers zu Staub nicht verkraftet und "Geist" außerhalb des Staubes sucht, um sich frei vom tosenden Fluss, vom permanenten Zerfließen zu wähnen... Versteckt dualistischen Egobefehlen von Gurus wie z.B. *"Schau nirgendwo hin und lass den Blick in sich ruhen"* entgegnet ein wahrlich egobefreites Bewusstsein nur verwundert mit der Gegenfrage: *"wer?"* **Absolute Freiheit, Leerheit und Wahrheit wurde in der simplen Tatsache erkannt: DAS SANDKORN IST GELB!** Wer widerspräche dieser Wahrheit?

BE AWARE – IT IS NOT SCHWER

Is it a typical german phenomena that the same people that *"like"* the descriptions of transspiritual awakening are able to post seriously esoterical mindfuck about *"energy"*, *"essence"*, *"light"* and *"love"* or even *"god"* and *"immortality"* ? There is just one simple reason for that paradox: they are still EGOS that try to define the green grass as something more, bigger, divine and infinite instead of EXPERIENCING THE TOTALITY OF EVERYTHING THAT IS WHAT IT IS – nothing *"beyond"* the experience itself! That's life! **Nothing needs to be greener than green. The whole universe is just ITSELF.** No essence, no energy, no god, no self. Just IT-SELF. The ego produces all these illusions because it hopes to find peace in a greater *"love"* or *"freedom"* than REALITY. **Reality is neither a secret nor an object – it is just the flow of consciousness: *"UNIVERSE MAKES LOVE WITH IT-SELF ... thru your present nothingness"*** (quote taken from the fifth book ZERO MEDITATION). Your illusions of spiritual levels to explain reality exploid in the fire of flow! MOVE YOUR BODY! SHAKE YOUR MIND! BE AWARE – it is not schwer! Ist es ein typisch deutsches Symptom: die spirituelle Schwermut des Suchens nach IRGEND-ETWAS, das Glauben an den größten Schwachsinn, nur weil er seit tausenden Jahren als zwangsneurotisches Erbe kulturell konserviert wird? Braucht der Deutsche einen Glauben, um die Realität zu ertragen? Was macht der Amerikaner? Was die anderen Völker? SIE GLAUBEN AUCH ALLE AN IRGENDETWAS! Aber **WER** *"glaubt"* ? Das EGO. **Ohne Ego fließt das Bewusst-Sein einfach nur gemütlich dahin. Ohne Ego kein Stress. Transspirituelle wellness.** Your nerves need no ego. They touch the truth directly NOW. Yes. It is true. It is easy. It is YOU: the flow itself...

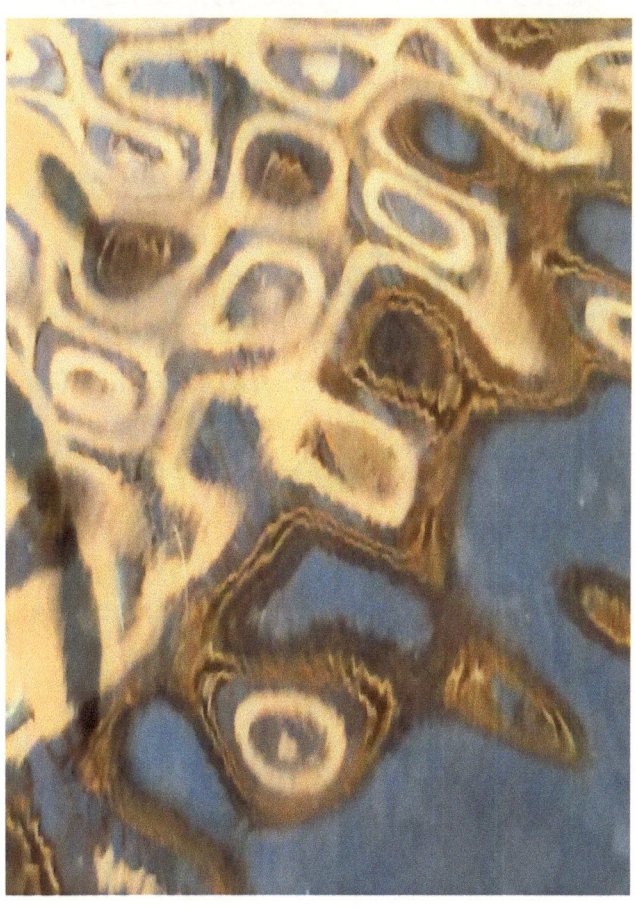

"Erleuchtung bedeutet nicht vorgezogenen Alzheimer. Im Satsang stellt sich dieses Gefühl vollkommener Präsenz ein, in der nichts mehr nötig ist. Wir erkennen uns als reines Bewusstsein. Erleuchtung ist dem Ich nicht möglich. Erwachen ist die Erkenntnis, dass es kein Ich gibt. Genau deshalb gibt es auch niemanden, der erwachen kann. In dem Moment, wo er erwacht, merkt er, dass es ihn gar nicht gegeben hat. Deshalb gibt es auch keinen Erleuchteten."

Dietmar Bittrich & Christian Salvesen: DIE ERLEUCHTETEN KOMMEN (2002)

SAND DROPPING

this drop of sand is
no drop and the light
of this drop is no light
to see there is an action
between nothing called
movement but no objects
to save in our mind that
is no object as well
but a movement of
some senses that
happen just as a
happening of
nothingness

AND DOESN'T END

there is no i
but the concrete
body in motion the
body is self-confident
the body is aware of
the body there is
no END but just
the infinite AND
in my dreams i
dream that i am
dreaming a crazy
dream in reality i
realize that i am
realizing a crazy
reality i am
always myself

BLESS AND LESS

i do what i think
i think what i feel
i feel what i am
i am what i see
i see what i think
i think what i feel
i feel what i do
i do what i am
i am what i do

Beach Yoga – 004

ZERO MEDITATION

no special emotion
to feel the whole
no special thought
to believe all senses
no special movement
to get in touch with
the meaning of
life because i
am made
of that

NO COSMIC COMPASS

there is no soul of no matter no
cosmic energy that develops into
a new divine force of a pretended
person as an agent of god because
infinity needs no god to explain itself
and no intuition to handle with any
anything there is simply that field of
reality that consists of all elements
that are identical with the emptiness
that does not exist at all if something
is able to talk about itself it has to use
a silent language without any letters
because this is this and that is that

BE KEEN ON ITS BIKINI

the grain of sand is yellow
the blade of grass is green
the wings of swallows can
be blue but if your tongue
can swallow on what your
ego was dead keen you'll
understand nobody does
but only grains and grass

DER SUPERKONKRETE SPORT

alles nimmt sich wahr.
sich gegenseitig wahr.
wird wahrgenommen durch sich selbst.
in jeder selbstsekunde.
selbst die sekunde.
alles ist sport.
alles sehen. alles denken. alles fühlen.
alles reden. alles laufen. alles liegen.
alles atmen. alles sterben.
alles passiert. alles wird getan.
alles ist eine sportart.
das universum ist ein sportler.
jedes staubkorn trainiert.
ohne ziel und ohne zweck.
das dasein trainiert, um es selbst zu sein.
kein sieg und kein verlust.
kein niemand, der gewinnen will.
kein niemand, der verliert.
das training findet immer schon
ganz ohne teilnehmer statt.
die geräte trainieren sich selbst.
das selbstgespräch des seins.
der sportverein hat keinen namen.
amen.

S E E (K) I N G   P E R S O N
[LAST MINDLESS MEDITATION]

who is that person who seeks
itself as if the mirror showed a
different face than your own

who has the ability to reflect
the alertness of existence but
sticks to that stupid belief in a

god or nothingness beyond
your face and your body your
ego separates your seeing self-

confidence that is just a great
feeling of being an infinite wave
consisting of the empty ocean

SPIRITUALITÄT & POLITIK

WER meditiert sich zu Tode,
um dadurch den Hass zu stoppen?
WER will mit einer Erleuchtung
die "Krone der Schöpfung" toppen?
WER sucht verzweifelt die Leere,
um die Konsumwelt zu sabotieren?
WER möchte "das Absolute" erfahren,
um seine Selbstillusion zu verlieren?
WER redet vom "Ich", das zu viel tut?
WER ist das Wesen, das in sich ruht?
DU BIST ES selber aus Fleisch und Blut!
Du verdoppelst "Dein" Ich und denkst,
da sei mehr. Aber: in Wirklichkeit ist
BEIDES absolut leer. Das Bewusstsein...
beobachtet und glaubt, es sei frei.
Aber vor lauter Beobachtung wirst Du
von gar nichts mehr high.
Diese paranoide Spiritualität kommt
für das hyperreale Weltklima zu spät!

"Diejenigen, die Erleuchtung tatsächlich verstanden und verwirklicht haben, wollen absolut nichts verkaufen. Wenn sie ihr Verständnis von Erleuchtung teilen, brauchen sie weder sich noch das, was sie mitteilen, aufzublasen. Sie wollen auch keine Mütter, Väter oder Lehrer sein. Besonderheit erzeugt Ausgrenzung, Freiheit hingegen wird in Freundschaft miteinander geteilt."

Tony Parsons: WER BIN ICH? DAS? POESIE DER SELBST-ERFORSCHUNG (2001)

ALLES was Du tust, ist absolut WAHR, denn Du bist wirklich DA. Es gibt kein spirituelles Geheimnis hinter der Welt. Die Welt ist UNENDLICH! DAS IST die Null. Wir spüren sie JETZT. Jetzt ist immer. Immer jetzt. Wacher als wach geht nicht. Jede Zelle ist ABSOLUTES SEIN. Jede Bewegung TOTAL REAL. Alles IST nondual!

9 783738 647747

1.Buch: *NULLYOGA*

2.Buch: *URRUHE*

Keine Urruhe nirgendwo. Kein Ich nirgendwo. Keine Quelle, kein Ursprung, kein Gott, keine Urenergie, keine Ursache, kein Ur überhaupt, keine Mitte, kein Nichts. Alles IST DA. Die Bewegung der Materie ist in sich selber beruhigt. Das Diesseits IST leer. Die Leere IST diesseitig. Die Mitte ist überall.

9 763848 211616

NULLYOGA URRUHE

"DAS GRAS IST GRÜN!" Eine tiefere Wahrheit gibt es nicht. Wenn Du das nicht verkraftest, bleibst Du lebenslänglich ein Opfer der Rattenfänger im Supermarkt der Fastfoodspiritualität. Die Wellness- und Therapieindustrie profitiert gnadenlos von Deiner Angst, Deiner Verzweiflung und Deinem Glauben an "höhere/tiefere" Antworten auf die absurde Frage nach dem Lebenssinn oder dem Ich. **Schau endlich in den Spiegel und siehe da: er ist leer! Kein Gesicht zu erkennen, auch keine Rückseite "hinter" dem Spiegel:** nur unendliche Offenheit ohne andere Seite...

NULL
THERAPIE

WARUM ALLES ABSOLUT IST

3.Buch: *NULLTHERAPIE*

4.Buch: *m...OM...ent*

URRUHE.de
RELAXYOGA.de
URYOGA.de

Die Existenz besteht in jedem Moment aus einer sich permanent wandelnden Atomk...OM...bination anstatt aus einer statischen Plastikhülle mit einer Managerseele im Zentrum der Hülle. Die Hülle ist hohl und managt sich selbst. Wenn Du nun wieder in einen Spiegel schaust, siehst Du nicht nur ein ganz und gar leeres, gesichtsloses Spiegelbild, sondern Du siehst auch tatsächlich ein hautloses, sich permanent wandelndes Antlitz, das aus sämtlichen Atomen besteht, die sich in dieser Gegend jetzt gerade aufhalten und gleich schon wieder in andere Gegenden weggedriftet sind. Dein absolutes Seelengesicht wird erkannt als ein ständiges Kommen und Gehen, Hinzufügen und wieder Zerfließen von allen Atomen, die um sich selbst tanzen...

OM
m...
...ent

Not the world is made of consciousness (as if the whole cosmic matter would be a fake, illusion, matrix, maya or at least just a game of God) but consciousness consists of the world: matter becomes aware of itself, THAT'S IT — no god nowhere!

5.Buch:
ZERO MEDITATION

Alle fünf Bücher: auch als
eBooks bzw. iBooks

eBOOKS ÜBER DIE NEUE TRANSSPIRITUALITÄT

OM

URYOGA.de & ANTIYOGA.de

Wer wir sind? Wir SINNd!

Die *"LIGA DER LEEREN"* wurde 2014 als anonymes Netzwerk diverser integral politisierter Autoren aus dem Umfeld des Magazins *"connection spirit"* ins Leben gerufen, um über den eigenen spirituellen Tellerrand zu schauen. Die *"personale"* Anonymität aller Beteiligten war eine Gründungsbedingung der LDL, um dem NARZISSMUS VON GURUS integrale Inhalte entgegensetzen zu können, ohne durch Projektionen *"spiritueller Sucher"* als unserer geschätzten Leserzielgruppe verfälscht zu werden. **Die Identität der LDL-Gruppe ist also eine prinzipielle konzeptionelle Anonymität: es ist absurd danach zu fragen, *"wer"* sich hinter der LDL *"verstecke"*, da es kein Versteckspiel ist, sondern schlichtweg die Voraussetzung unserer Arbeit, so wie wir sie von Anfang an als Vision und Auftrag empfunden haben!** Als individuelle Persönlichkeiten sind wir bereits lange genug in der sogenannten Spiriszene aktiv gewesen und haben teilweise das Prestige von Gurus genießen dürfen. Dieses Prestige behinderte unsere Schüler immer wieder und wieder in ihrer eigenen Entwicklung hin zum Erwachen aus der Abhängigkeit von *"heiligen"* Botschaften. **Wir bieten unsere Manifeste nicht als Secondhand-Spiritualität anstatt der eigenen *"Erleuchtung"* an, sondern als simple Nachhilfe zur Aufklärung über die Fakes**

und Fratzen der Neuen Religiosität. Es sind sachliche, entpersonalisierte Informationen, die durch die Beiträge unserer Gastautoren ergänzt und erweitert werden. Wer unsere Botschaften richtig und sinnvoll findet, wird keinen von uns als Guru verehren können, sondern uns auf Kongressen und Satsangs begegnen, als wären wir ebenfalls Schüler. Dadurch bewahren wir alle auf den vielen Veranstaltungen die gleiche menschliche Augenhöhe und können uns über die drängenden Themen der Szene spontan und tabulos humorvoll unterhalten, ohne diese falsche, überhöhte Ehrfurcht von Suchenden, die sich im Angesichte von Gurus selbst klein machen. **Die LDL möchte damit sowohl den Minderwertigkeitskomplexen als auch dem Größenwahn des Schüler/Meister-Theaters vorbeugen.** Wir spielen quasi *"unsichtbares Theater"*. Wir sind schon seit Jahren mitten im Geschehen dabei. Du kennst uns vermutlich *"persönlich"*, aber ahnst nicht das Geringste. Wir blöffen mit tiefsinnigen und verwirrenden Fragen anstatt besserwisserisch von der Bühne zu blöken. Wir sprechen nur hier Klartext, indem wir die Spiriszene wie Spione beobachten und analysieren. Wir sind sozusagen die Günter Wallraffs der Esoterikmessen und Satsangsekten! WIR ZERSETZEN DEN KULTURKONDITIONIERTEN MINDFUCK WIE EINE SÄURE IM SPIRITUELLEN BETRIEBSSYSTEM. **Wenn Du jemanden triffst, der behauptet, er sei einer der**

geheimen Autoren des LDL Kollektivs, dann ist er definitiv KEINER VON UNS, denn die biografische Persönlichkeit unterliegt bei uns der strikten Geheimhaltung! NOCH NICHT EINMAL unsere Gastautoren wissen, wer wir hinter der Maske der Satire wirklich sind – sie vertrauen dem aufklärerischen, informativen Zweck des Projekts! Dafür einmal an dieser Stelle ein ganz großes Dankeschön! IHR ALLE seid es, die das Projekt lebendig machen: Gastautoren, Kommentatoren und Nervensägen! Ihr seid das Fleisch auf den hohlen Knochen!

"In der gesamten Entwicklung der digitalen Bildung wird immer noch nicht genügend erkannt, welche Bedeutung die Auseinandersetzung mit den spirituellen Fundamenten unserer Zivilisation einnimmt. Ein rein technologisches Fortschreiten hin zu einer vollständig virtuell gesteuerten Arbeitswelt wird die Menschen ebenso seelisch zerstören wie es seit Jahrzehnten bereits auf traditionelle Weise geschieht. Die Politik muss auch EXISTENZIELLE LEBENSFRAGEN/ RATGEBER in der digitalen Lebenswelt verankern, damit die Menschheit nicht technokratisch verblödet." (Pi Zett)

Werner Ablass

Außergewöhnlich gewöhnlich

19.8.1949 –
23/24.12.18

Über den Glücksfall persönlichen
Scheiterns und ein absolut
gewöhnliches Leben
im Kristallpalast des Nichtseins

Dies war das Buch

"TRANSSPIRITUELLES
WELTKLIMA"
Politik und Spiritualität
zusammen-FÜH(L/R)EN:
Die letzten Essays und
gesammelte Gedichte

Alle LDL-Texte/Bücher:

www.urruhe.de
www.uryoga.de
www.gott2go.de
www.zero2go.de
www.nullyoga.de
www.antiyoga.de
www.zeroyoga.de
www.relaxyoga.de
www.burnoutyoga.de

Gastbeiträge an:
ligaderleeren@gmail.com